LE CORDON BLEU

RECETAS CASERAS

·VERDURAS·

KÖNEMANN

contenido

4
Pot-au-feu de verduras

6
Rösti/Alcachofas con queso azul

8
*Pastitas crujientes con
setas y castañas*

10
Croquetas de patatas y espinacas

12
*Pimientos asados al
estilo mediterráneo*

14
Caviar de berenjena

16
Col roja braseada

18
Verduritas rellenas

20
Strudel de verduras

22
*Apio-nabos asados con
miel y jengibre*

24
Berenjena gratinada

26
Coliflor al queso

28
Espárragos con salsa holandesa

30
Ratatouille

32
Tomates rellenos al estilo provenzal

34
Verduras mixtas glaseadas

36
*Buñuelos de garbanzos y sésamo
con salsa de ajo y aceite*

38
Pastel de verduras

40
Apio-nabo a la rémoulade

42
Col rellena

44
Judías verdes con bacon

46
Gratin dauphinois

48
Zanahorias vichy

50
Endibias braseadas

52
Verduras marinadas a la parrilla

54
Lasaña vegetal

56
*Puré de brécol con queso
azul/Puré de zanahorias*

58
*Ensalada caliente de lentejas
con vinagreta de mostaza*

60
Verduras en vino blanco

62
Técnicas del chef

 para principiantes   *para cocineros poco experimentados*   *para cocineros expertos*

Pot-au-feu de verduras

*Un plato tan saludable como nutritivo, bajo en calorías,
fácil de preparar y sumamente completo.*

Tiempo de preparación 35 minutos
Tiempo de cocción 1 hora 20 minutos
Para 6 personas

CALDO
**500 g de alas de pollo picadas,
   o puntas de alas**
300 g de zanahorias picadas gruesas
1 puerro picado grueso (vea pág. 63)
2 tallos de apio picados gruesos
1 cebolla partida por la mitad
2 clavos insertados en la cebolla
1 hoja de laurel
3 ramitas de tomillo fresco

300 g de zanahorias en dados de 5 mm
300 g de nabos en dados de 5 mm
500 g de patatas en dados de 5 mm
220 g de judías verdes despuntadas
90 g de guisantes pequeños congelados
pimienta blanca molida
2 cucharadas de perifollo fresco picado

1 Para preparar el caldo, ponga las alas o las puntas de pollo en una cacerola y cúbralas con unos 3 litros de agua. Añada la zanahoria, el puerro y el apio picados, las dos mitades de cebolla y los clavos, la hoja de laurel y las ramitas de tomillo. Llévelo todo a ebullición lentamente, baje el fuego y déjelo hervir unos 50 minutos. Espume con frecuencia la superficie.

2 Pase el caldo por un tamiz fino, cubierto, si es posible, con un trozo de muselina o con un filtro de café para obtener un líquido claro. Extraiga el pollo, las verduras, las hierbas y las especias.

3 Cueza la zanahoria, el nabo y la patata en agua salada hirviendo 2 ó 3 minutos o hasta que las verduras estén tiernas, pero se mantengan crujientes. Sumérjalas en agua fría para interrumpir el proceso de cocción y conservar su textura.

4 Corte las judías verdes en seis trozos y cuézalas en agua salada hirviendo durante 4 minutos. Escúrralas, sumérjalas en agua fría para interrumpir el proceso de cocción y retener el color verde y, a continuación, escúrralas de nuevo. Agregue los guisantes al agua hirviendo y cuézalos durante 1 minuto. Escúrralos, sumérjalos en agua fría y vuélvalos a escurrir.

5 Condimente el caldo con sal y pimienta blanca al gusto y recaliéntelo con todas las verduras incorporadas. Sírvalo muy caliente en un plato hondo y espolvoréelo con perifollo.

Rösti

Un rösti preparado con patatas previamente cocidas resultará un plato rápido y delicioso.

*Tiempo de preparación **15 minutos***
*Tiempo de cocción **40 minutos***
*Para **6 personas***

500 g de patatas harinosas
aceite para cocinar
25 g de mantequilla
1 cebolla picada fina

1   Precaliente el horno a 180°C. Limpie frotando las patatas sin pelar y póngalas en una cacerola. Cúbralas con agua fría, agregue sal y llévelas a ebullición. Baje el fuego y deje hervir las patatas durante 10 minutos. Escúrralas y déjelas enfriar por completo.
2   Pele las patatas y córtelas en tiras muy finas o bien rállelas gruesas. No las aclare.
3   En una sartén refractaria antiadherente, caliente un poco de aceite y añada la mantequilla. Rehogue la cebolla hasta que esté blanda y transparente. Agregue las patatas, sazónelas con sal y pimienta, mézclelo todo durante unos minutos y, seguidamente, ejerza presión con el dorso de una cuchara o de una espátula ancha para formar una torta plana y gruesa. Dore un lado a fuego entre medio y alto y meta la sartén al horno durante 15 minutos. Despegue la torta y vuélquela sobre un plato grande para después deslizarla otra vez en la sartén con la parte dorada hacia arriba. Procure no romper la patata ni tocar el aceite o la mantequilla caliente que se escurra. Meta la torta de nuevo al horno durante 10 minutos y sírvala cortada en porciones como si se tratara de un pastel.

Alcachofas con queso azul

Las bases o los corazones de las alcachofas tiernas son la parte más deliciosa de esta hortaliza. Rellenas con un puré de queso azul, su sabor cobra un interés añadido.

*Tiempo de preparación **20 minutos***
*Tiempo de cocción **20 minutos***
*Para **4 personas***

6 bases de alcachofas cocidas (vea pág. 62)
30 g de queso azul desmenuzado
2 cucharadas colmadas de pan
    recién rallado
50 g de mantequilla derretida

1   Precaliente el horno a 200°C. Aclare las alcachofas cocidas con agua fría corriente y aparte cuatro de ellas.
2   Corte las dos alcachofas restantes en dados y píquelas en un robot de cocina junto con el queso azul desmenuzado hasta obtener una pasta homogénea. Condimente el puré con pimienta negra recién molida y rellene con él las bases de alcachofas, dándole forma de cúpula. Coloque las alcachofas en una fuente de horno.
3   En un cuenco pequeño, mezcle el pan rallado junto con la mitad de la mantequilla y espolvoréelo sobre las alcachofas. Rocíelas con la mantequilla derretida restante y hornéelas durante 20 minutos o hasta que adquieran un tono dorado. En la fotografía, las alcachofas se decoran con berros.

Nota del chef Si no es posible disponer de alcachofas frescas lo suficientemente grandes para esta receta, puede utilizar alcachofas en conserva o de lata de buena calidad.

Pastitas crujientes con setas y castañas

Una exquisita combinación de setas y castañas con una ligera salsa cremosa en una pasta mantecosa de textura crujiente. Se sirve como un primer plato o a modo de almuerzo ligero acompañado de una ensalada.

Tiempo de preparación 20 minutos + refrigeración
Tiempo de cocción 40 minutos
Para 4 personas

400 g de pasta de hojaldre preparada
1 huevo batido
470 g de setas silvestres mezcladas
 (vea Nota del chef)
mantequilla clarificada (vea pág. 63)
 o aceite para cocinar
2 escalonias picadas finas
1 diente de ajo machacado
el zumo de 1/2 limón
30 ml de madeira seco
60 g de castañas enteras de lata, sin azucarar,
 picadas gruesas
30 g de perejil fresco picado
125 ml de nata espesa

1 Precaliente el horno a 220°C. Extienda la pasta formando un rectángulo de unos 5 mm de grosor. Con un cuchillo afilado de grandes dimensiones, recorte los bordes largos para que queden rectos y parta la pasta en dos tiras alargadas de 7 cm de ancho. Corte cada tira en dos rombos, con el lado vertical de 7 cm de largo, dispóngalos sobre una lámina de papel parafinado húmeda y refrigérelos durante 20 minutos.

2 Pinte la superficie con huevo batido, evitando humedecer los bordes, ya que el huevo cuajará impidiendo que la pasta aumente de volumen. Hornéela durante 15 minutos o hasta que esté crujiente y dorada. Con un cuchillo afilado, divida los rombos en dos horizontalmente. Elimine los posibles restos de pasta blanda y mantenga los rombos calientes.

3 Para preparar las setas, lávelas dos o tres veces, escúrralas y córtelas en trocitos. En una sartén grande caliente un poco de mantequilla clarificada o de aceite y fría las setas hasta que estén doradas. Escúrralas, reservando los jugos. Mientras tanto, sofría las escalonias en mantequilla caliente durante 2 ó 3 minutos. Añada el ajo, el zumo de limón, el madeira, las castañas y el perejil. Sazónelo todo con sal y pimienta.

4 Vierta los jugos de las setas en el sofrito de escalonias y déjelo hervir todo sin tapar hasta que el líquido se reduzca a la mitad. Agregue la nata y condimente con sal y pimienta. Reduzca la salsa a fuego alto durante 10 minutos o hasta que adquiera una consistencia almibarada. Mezcle las setas con la salsa y distribúyalas sobre las mitades inferiores de la pasta. Tápelas con las mitades restantes y sírvalas.

Nota del chef Las setas de ostra, shiitake, rebozuelo, oreja de nube, lengua de gato y piel azul son indicadas para esta receta, solas o en una mezcla. Si no encuentra setas silvestres, sustitúyalas por setas cultivadas, lavadas una sola vez.

Croquetas de patatas y espinacas

Un ingrediente tan modesto e indispensable como la patata ve realzado su sabor con el de las espinacas y el queso parmesano en estas delicias propias de la cocina popular.

*Tiempo de preparación **30 minutos***
*Tiempo de cocción **45 minutos***
*Para **14 croquetas***

500 g de patatas harinosas
una pizca de nuez moscada molida
20 g de mantequilla
1 yema de huevo
aceite para freír
40 g de queso parmesano recién rallado
50 g de espinacas cocidas y picadas finas
60 g de harina sazonada con sal y pimienta
3 huevos batidos
1 cucharada de aceite de cacahuete
150 g de pan rallado seco

1 Corte las patatas en trozos iguales, por la mitad o en cuartos, según su tamaño. Póngalas en una cacerola, cúbralas con agua fría y añada una pizca generosa de sal. Llévelas a ebullición, baje el fuego y cuézalas durante 20 minutos como mínimo, o hasta que estén tiernas.

2 Escurra las patatas y séquelas agitándolas en la cacerola a fuego lento durante 2 minutos. Páselas por un tamiz o bien cháfelas hasta reducirlas a un puré fino. Condiméntelas con sal y pimienta al gusto y nuez moscada. Añada la mantequilla y la yema de huevo y, a continuación, extienda el puré en una bandeja para que se enfríe. Precaliente el aceite a 180°C en una freidora o una sartén. Alcanzará la temperatura óptima cuando un dado de pan se dore en 15 segundos.

3 En un cuenco mezcle el parmesano con las espinacas bien escurridas. Incorpore la patata, sal y pimienta y remuévalo todo junto. En una superficie enharinada, al igual que las manos, haga rodar la mezcla con las palmas planas para formar cilindros de 6 x 2 cm. Iguálelos y aplane los extremos.

4 Extienda la harina sazonada sobre una bandeja. Mezcle los huevos y el aceite en un cuenco y coloque el pan rallado sobre un trozo grande de papel parafinado. Enharine con cuidado las croquetas y sacuda el exceso. Recúbralas después con el huevo y, seguidamente, con el pan rallado, levantando los bordes del papel para facilitar la operación. En ocasiones es necesario rebozar las croquetas dos veces por el huevo y el pan rallado, especialmente si la mezcla resulta demasiado blanda para que se mantenga la forma de la croqueta. Fríalas en tandas hasta que estén totalmente doradas y sáquelas del fuego, sacudiéndoles el posible exceso de aceite. Escúrralas sobre papel absorbente arrugado.

Notas del chef La patata no debe estar demasiado húmeda ya que las croquetas se partirían y absorberían el aceite.

Elimine el exceso de pan o se quemará y se adherirá a las croquetas, las cuales adquirirían un aspecto desagradable.

Pimientos asados al estilo mediterráneo

Este plato tan colorido como sabroso es indicado para servirse como primer plato o a modo de acompañamiento con pescado, carne o pollo.

Tiempo de preparación 10 minutos + 3–4 horas marinando
Tiempo de cocción 10–15 minutos
Para 6 personas

1 pimiento rojo
1 pimiento verde
1 pimiento amarillo
2 cucharaditas de alcaparras picadas finas
4 filetes de anchoas picados finos
**3 cucharadas de hojas de albahaca fresca
   en tiritas**
80 ml de aceite de oliva

1   Parta todos los pimientos en dos, retire las semillas y las membranas y colóquelos sobre una rejilla de horno con el corte hacia abajo.

2   Unte los pimientos con un poco de aceite y cuézalos en el horno precalentado hasta que la piel se ennegrezca y forme burbujas. Cúbralos con un paño o introdúzcalos en una bolsa de plástico y déjelos enfriar. De este modo, la piel se despegará de la carne con mayor facilidad.

3   Retire las pieles, corte la carne en tiras gruesas y póngalas en un cuenco.

4   En un tarro junte las alcaparras, las anchoas, la albahaca y el aceite de oliva y vierta la mezcla sobre los pimientos. Sazónelos al gusto con sal y pimienta y déjelos marinar en el frigorífico durante 3 ó 4 horas antes de su consumo. Sírvalos con una focaccia y una ensalada verde.

Caviar de berenjena

El nombre de este plato viene dado por los trocitos de berenjena, oscuros y brillantes,
que se asemejan en aspecto y color al caviar.

*Tiempo de preparación **10 minutos + 1 hora de refrigeración***
*Tiempo de cocción **30 minutos***
Para 6 personas

800 g de berenjenas
50 g de aceitunas negras sin hueso picadas
1 diente de ajo machacado
4 cucharadas de cebollino fresco picado fino
155 ml de aceite de oliva
1/2 cucharadita de pimentón

1   Precaliente el horno a 180°C. Corte las berenjenas por la mitad a lo largo. Pinte las partes cortadas con un poco de aceite de oliva y salpimiéntelas. Métalas en el horno de 25 a 30 minutos o hasta que se ablande la carne.

2   Escurra las berenjenas para eliminar el posible líquido. Extraiga la carne con una cuchara, píquela y pásela a un cuenco.

3   Añada las aceitunas negras, el ajo y la mitad del cebollino. Mézclelo todo junto con un tenedor, presionando la carne contra las paredes del cuenco para desmenuzarla. Agregue lentamente el aceite de oliva, removiéndolo en la mezcla con ayuda del tenedor. Añada el pimentón y condiméntelo todo al gusto con sal y pimienta y refrigérelo durante 1 hora.

4   Sírvalo en un cuenco frío, decorado por encima con el cebollino reservado y acompañado con tostas Melba.

Nota del chef Para una presentación especial, sírvase de dos cucharas para formar pequeñas albóndigas con la mezcla y disponerlas en platos individuales, adornadas con cebollino picado.

Col roja braseada

Este plato del norte, excelente acompañamiento de asados de cerdo y caza, recibe en francés el nombre de "Chou rouge à la flamande". La cocción a fuego lento permite obtener un resultado extraordinario.

*Tiempo de preparación **20 minutos***
*Tiempo de cocción **1 hora 45 minutos***
Para 8 personas

1 col roja
45 g de mantequilla
1 cebolla en rodajas
2 manzanas cocidas
2 cucharadas de vinagre de vino blanco
1 cucharada de azúcar
1 1/2 cucharadas de harina

1 Precaliente el horno a 170°C. Cuartee la col, recorte y extraiga el troncho y corte la col en tiritas. Póngala en una cacerola grande con agua salada hirviendo (en cantidad más que suficiente para cubrir la hortaliza), llévela a ebullición y escúrrala. La col habrá adquirido un color azul como la tinta, un efecto normal tras el cual recupera su tonalidad habitual. Es posible que esta operación deba realizarse por tandas, en función de las dimensiones de la cacerola.

2 Derrita 15 g de mantequilla en una cazuela grande, añada la cebolla, tápela y déjela cocer a fuego lento hasta que quede transparente. Pele las manzanas, cuartéelas, quíteles el corazón y córtelas en láminas finas antes de mezclarlas con la cebolla. Rehogue la mezcla durante unos minutos, apártela del fuego y resérvela.

3 Incorpore la col a la cazuela, con una capa de la mezcla de cebolla y manzanas, y rocíela con el vinagre, el azúcar y 2 cucharadas de agua. Sazónela con sal y pimienta. Observará que la col recupera su color rojo a medida que agrega el vinagre. Tápela con papel untado de mantequilla y la tapa y hornéela durante 1 1/2 horas, o hasta que esté muy tierna. Déle vueltas de vez en cuando y humedézcala con un poco más de agua, si es preciso.

4 Reblandezca la mantequilla restante en un cuenco y añada la harina. Aparte la col hacia un lado de la cazuela. Es posible que haya líquido en el fondo de la vasija. Incorpore un cuarto de la mezcla de mantequilla y harina y remuévalo todo junto. El líquido se espesará ligeramente. Repita esta operación al otro lado. Mézclelo todo y añada más mantequilla y harina sólo en caso de que quede líquido aguado. Este jugo es rico en sabor y condimentos, por lo cual se espesa para que se adhiera a la col, aunque no debe ligar en exceso. Pruébela y sazónela. La col debería ofrecer un grato sabor agridulce. Quizá deba añadir un poco más de azúcar o vinagre al gusto.

Verduritas rellenas

Domine la preparación de estas deliciosas y elegantes verduras para que usted y sus amigos puedan saborear el resultado.

*Tiempo de preparación **45 minutos***
*Tiempo de cocción **1 hora***
*Para **4 personas***

125 g de pan recién rallado
170 ml de leche
aceite de oliva para cocinar
125 g de carne magra de cerdo picada
125 g de carne magra de ternera picada
3 dientes de ajo picados finos
1 yema de huevo ligeramente batida
2 cucharadas de perejil fresco picado
4 nabos pequeños de unos 5 cm de diámetro
1 calabacín grande, de 21 cm de longitud
  como mínimo y con los extremos cortados
2 patatas grandes peladas

1   Precaliente el horno a 200°C. Mezcle el pan rallado y la leche en un cuenco grande y resérvelo mientras fríe la carne. En una sartén, caliente un poco de aceite de oliva y fría el cerdo, la ternera y el ajo durante 5 minutos a fuego medio. Aparte la carne del fuego y mézclela con el pan y la leche. Sazone, añada el huevo y el perejil y reserve hasta su uso.

2   Pele los nabos y recórteles la base y la parte superior, de modo que lleguen a medir 4 cm de largo y 4 ó 5 cm de diámetro. Con un moldeador de bolas extráigales la carne. Vacíe los nabos hasta dejar un borde de 1 cm de grosor en la base y las paredes. Corte el calabacín en trozos de 4 cm de longitud y vacíelos hasta dejarlos del mismo modo que los nabos.

3   Corte las patatas en dados de 4 cm y, con un cortador redondo de 4 cm, forme cilindros de patata. Vacíe el interior como con las otras hortalizas. Blanquee cada verdura por separado en una cacerola de agua hirviendo, procurando no cocer ninguna de ellas en exceso, para evitar que pierdan consistencia. Sumerja los nabos y el calabacín en un cuenco de agua helada y cuando se hayan enfriado por completo, póngalos al revés sobre papel de cocina para que se escurran. Cuando estén cocidas las patatas, colóquelas derechas sobre papel absorbente hasta que se enfríen lo suficiente para que puedan cogerse.

4   Sazone el interior de las hortalizas preparadas y rellénelas con la mezcla de carne reservada. Ponga las verduras rellenas en una fuente refractaria ligeramente engrasada y úntelas con un poco de aceite. Áselas al horno durante 20 ó 30 minutos, o hasta que estén tiernas, y gratínelas después, si lo desea. Sírvalas calientes o frías.

Strudel de verduras

Resulta exquisito como entrante de una comida o ideal como plato de un almuerzo ligero. Un pequeño toque de curry realza el sabor de las verduras ligeramente cocidas envueltas en esta pasta crujiente.

Tiempo de preparación 40 minutos
Tiempo de cocción 1 hora
Para 4–6 personas (10 unidades)

aceite para cocinar
1 cebolla picada
¹/2 cucharadita de curry en polvo suave
450 g de verduras peladas mixtas, como
  zanahoria, chirivía, nabo y apio nabo,
  cortados en daditos; judías verdes cortadas
  en trocitos; un cuarto de coliflor y otro tanto
  de brécol cortados en pequeños ramilletes;
  un puerro pequeño cortado en rodajas finas
  (vea pág. 63)
2 cucharadas de pan recién rallado
20 láminas de pasta filo
aceite o mantequilla derretida para untar

SALSA DE TOMATE Y CILANTRO
15 g de mantequilla
1 cebolla en rodajas finas
450 g de tomates, pelados, sin semillas
  y cuarteados (vea pág. 62)
  o 400 g de tomates de lata
60 ml de caldo de verduras o de pollo
  (vea pág. 63)
1 hoja de laurel
1 ramita de tomillo fresco
3 cucharadas de hojas de cilantro fresco

1   Precaliente el horno a 190°C. Caliente un poco de aceite en una sartén y rehogue la cebolla hasta que esté blanda. Agregue el polvo de curry y, posteriormente, la zanahoria, la chirivía, el nabo y el apio nabo, y remuévalo todo durante 2 minutos a fuego alto. Añada las judías, la coliflor y el puerro y remuévalo todo un minuto más antes de incorporar el

brécol y freírlo todo durante 2 minutos. Pase las verduras salteadas a un cuenco grande, añada el pan rallado, mézclelo todo ligeramente y sazónelo con sal y pimienta al gusto.

2   Unte una lámina de pasta filo con aceite o mantequilla derretida y cúbrala con otra lámina antes de engrasarla de nuevo. Doble la pasta por la mitad y esparza por encima las verduras, dejando un borde de 2,5 cm alrededor del relleno. Doble los bordes hacia dentro y enrolle el strudel con sumo cuidado. Repita esta operación con el resto de la pasta filo y las verduras. Coloque los rollitos en una fuente de horno ligeramente engrasada y úntelos por encima con un poco de aceite o mantequilla derretida. Métalos en el horno durante 15 ó 20 minutos o hasta que estén crujientes y dorados.

3   Para preparar la salsa de tomate y cilantro, derrita la mantequilla en una cacerola y rehogue la cebolla durante 10 minutos hasta que esté transparente. Añada el tomate, el caldo, la hoja de laurel y el tomillo, y sazónelo todo con sal y pimienta. Llévelo a ebullición, baje el fuego, tápelo y déjelo hervir durante 20 minutos, o hasta que la salsa quede ligada y pulposa. (En caso de usar tomates de lata, agregue también el jugo y, una vez reblandecidos, destape la cacerola y déjelo cocer todo hasta que se espese.) Retírelo del fuego. Extraiga la hoja de laurel y el tomillo, añada el cilantro y sazónelo todo al gusto. Tal vez sea necesario echar una pizca de azúcar para contrarrestar el posible sabor picante de los tomates. Sirva los strudels de inmediato con el tomate y la salsa de cilantro.

Notas del chef Los strudels se sirven tan pronto como estén preparados, de lo contrario la pasta podría reblandecerse. Si lo prefiere, prepárelos con unas horas de antelación y úntelos de nuevo con mantequilla derretida antes de hornearlos.

Ésta es una excelente receta para agotar las pequeñas cantidades de hortalizas frescas que quedan en la nevera. Evite usar verduras que pudieran retener agua y humedecer la pasta, como el calabacín. En caso de utilizar hortalizas cocidas, córtelas en daditos y mézclelas junto con la cebolla rehogada, pero no prolongue más su cocción.

Apio-nabos asados con miel y jengibre

Hortaliza de uso popular en la antigua Grecia, así como en la Edad Media y en el Renacimiento, el apio-nabo ofrece un delicioso sabor dulce.

*Tiempo de preparación **10 minutos***
*Tiempo de cocción **20 minutos***
*Para **6 personas***

6 apio-nabos, unos 750 g
60 ml de aceite
15 g de mantequilla
1 cucharada de miel clara
1 cucharada de jengibre fresco picado
  o rallado fino

1   Precaliente el horno a 220°C. Parta los apio-nabos por la mitad a lo largo, o en cuartos si son largos, para obtener trozos de 8 cm de longitud y 2,5 cm de grosor. Elimine los posibles centros leñosos. Ponga la hortaliza en una cacerola grande y cúbrala de agua. Añada una pizca de sal y lleve los apio-nabos a ebullición a fuego alto. Déjelos hervir durante 1 minuto antes de escurrirlos. Échelos de nuevo a la cacerola y séquelos bien moviendo la vasija a fuego lento alrededor de 1 minuto.

2   Caliente el aceite en una fuente de asar al fuego, añada a continuación los apio-nabos y áselos rápidamente a fuego alto, girándolos para que tomen color. Añada la mantequilla a la fuente y meta la verdura en el horno durante 10 minutos. Elimine el exceso de aceite.

3   Agregue la miel y el jengibre, dando vueltas a los apio-nabos, para que queden completamente bañados, y áselos durante 5 minutos más.

4   Extraiga los apio-nabos de la fuente y sírvalos calientes con cerdo o pollo.

Berenjena gratinada

El pronunciado sabor de la berenjena se combina a menudo con tomate, ajo y hierbas.
Estas berenjenas rellenas se originaron en Turquía con el nombre de Imam bayildi.

*Tiempo de preparación **40 minutos***
*Tiempo de cocción **1 hora***
*Para **4 personas***

aceite de oliva para cocinar
2 escalonias picadas finas
800 g tomates, pelados, sin semillas
 y cortados en dados (vea pág. 62)
6 dientes de ajo picados finos
una pizca pequeña de pimienta de Cayena
60 g de hojas de albahaca fresca picada
2 berenjenas pequeñas
4 tomates pequeños desprovistos de tallo
100 g de queso gruyère o emmental rallado

1 Precaliente el horno a 150°C. En una sartén de fondo pesado, caliente un poco de aceite a fuego medio y rehogue después las escalonias durante 2 ó 3 minutos, sin dejar que tomen color. Incorpore los dados de tomate y el ajo, sazónelo todo con sal y pimienta de Cayena y déjelo hervir durante 15 minutos o hasta que espese. Agregue la albahaca picada, remueva el sofrito, apártelo y manténgalo caliente.

2 Mientras tanto, corte las berenjenas por la mitad a lo largo y vacíelas, procurando no romper la piel. Unte la superficie con aceite de oliva y sazónela. Coloque la berenjena con el corte hacia abajo en una fuente refractaria o en una fuente de asar y hornéela durante 15 minutos, o hasta que esté blanda. Déjela enfriar y, posteriormente, aumente la temperatura del horno a 200°C.

3 Corte los tomates por la mitad verticalmente desde la parte superior hasta la base y córtelos en finos semicírculos. Resérvelos.

4 Vacíe con cuidado el interior de las berenjenas cocidas y resérvelas. Pique la carne extraída y elimine parte del líquido rehogándola durante 5 ó 10 minutos a fuego lento. Pase la carne de las berenjenas a un cuenco y mézclela con el tomate sofrito, sazónelo todo y rellene las berenjenas. Colóquelas así preparadas en una fuente resistente al calor, disponga por encima las rodajas de tomate, espolvoréelas con el queso rallado y hornéelas hasta que estén doradas.

5 Reduzca a puré el tomate sofrito restante en una batidora. Aclárelo con un poco de agua o caldo de pollo, si es preciso. Caliéntelo en un cazo pequeño y pruébelo de sal. Para servir, vierta una cucharada de salsa de tomate sobre el plato y disponga encima la berenjena.

Coliflor al queso

En perfecta armonía, la coliflor y el queso combinados de este modo dan como resultado un suculento plato de invierno del que nunca sobra nada.

Tiempo de preparación **10 minutos**
Tiempo de cocción **30 minutos**
Para 4–6 personas

1 coliflor entera, de unos 470 g, una vez limpia
30 g de mantequilla
30 g de harina
500 ml de leche
una pizca de nuez moscada molida
100 ml de nata
130 g de queso gruyère rallado
2 yemas de huevo

1   Precaliente el horno a 180°C. Corte las hojas exteriores de la coliflor y separe los ramilletes en trocitos. Póngalos en una cacerola con agua salada fría, lleve el agua a ebullición, baje el fuego y deje hervir la coliflor durante 10 minutos o hasta que esté cocida pero mantenga cierta consistencia. Escúrrala, refrésquela en agua fría y vuélvala a escurrir.

2   Para preparar la salsa de queso, derrita la mantequilla en una cacerola, agregue la harina, removiendo con una cuchara de madera o una batidora manual, y déjela cocer a fuego lento durante 3 minutos. Retírelo del fuego y añada gradualmente la leche fría. Ponga la cacerola de nuevo al fuego y llévelo todo a ebullición, removiendo continuamente. Incorpore la nuez moscada, sal y pimienta al gusto y, finalmente, la nata. Retire la cacerola del fuego y añada 100 g de queso y las yemas de huevo. Reserve la salsa, cubriendo la superficie con film transparente o papel encerado húmedo para impedir que se forme una capa superior.

3   Unte ligeramente con mantequilla una fuente refractaria. Cubra el fondo con una capa fina de salsa, disponga encima la coliflor y nápela por completo con el resto de la salsa. Espolvoréela con el queso restante, un poco de pimienta y nuez moscada y hornéela durante 15 minutos, o hasta que el queso esté dorado.

Notas del chef Si la salsa presenta grumos antes de haber añadido la nata, basta con batirla hasta que se deshagan. Es importante realizar esta operación antes de agregar el queso, para evitar que los filamentos del mismo se adhieran a la batidora.

El gruyère es un queso fuerte, pero si se utiliza una clase distinta más suave, conviene añadir un poco de mostaza para hacer resaltar los aromas de este plato.

Espárragos con salsa holandesa

Antes de la I Guerra Mundial, la salsa holandesa recibía el nombre de salsa Isigny, por un pueblo de Normandía conocido por su mantequilla. Durante la guerra, se interrumpió su producción y tuvo que ser importada de Holanda. El nombre se cambió por holandesa para indicar el origen de la mantequilla y nunca retomó su anterior nombre.

Tiempo de preparación 45 minutos
Tiempo de cocción 35 minutos
Para 4 personas

SALSA HOLANDESA
3 yemas de huevo
200 g de mantequilla clarificada
 derretida (vea pág. 63)
una pizca pequeña de pimienta de Cayena
el zumo de ¹/2 limón

32 puntas de espárragos
4 cucharadas de sal gema

1 Para preparar la salsa holandesa, bata tres yemas de huevo con 3 cucharadas de agua en un cuenco mediano refractario hasta que adquieran un aspecto espumoso. Ponga el cuenco sobre una cacerola de mayor tamaño con agua hirviendo y continúe batiendo a fuego lento hasta que la mezcla se espese y se observe la estela que deja la batidora manual. Retire el cuenco del fuego y añada gradualmente la mantequilla, sin dejar de batir. Una vez incorporada toda la mantequilla,

cuele la salsa y condiméntela con sal al gusto, un pellizquito de pimienta de Cayena y el zumo de limón. Mantenga la salsa caliente sobre una cacerola de agua caliente. (Si lo prefiere, puede preparar la salsa utilizando un robot de cocina. Bata las yemas de huevo y el agua y, con el motor en funcionamiento, agregue la mantequilla caliente derretida en un hilito.)

2 Lleve la cacerola grande de agua a ebullición. Utilice un pelador de verduras para retirar la capa exterior de los dos tercios inferiores del tallo de cada espárrago. Alinee las puntas de espárragos y agrúpelos en manojos de ocho.

3 Agregue al agua la sal gema y, a continuación, los manojos de espárragos. Baje el fuego y déjelos cocer 10 minutos o hasta que las puntas queden tiernas. Retírelas del fuego y déjelas escurrir sobre papel absorbente. Desátelas y disponga cada manojo en un plato tibio. Nape los espárragos con salsa holandesa y sírvalos de inmediato.

Notas del chef La salsa holandesa es una emulsión como la mayonesa, aunque se elabora con mantequilla clarificada caliente, componente que permite obtener una salsa suave. Una vez preparada, debe mantenerse tibia. Si se calienta en exceso, la salsa se separará. Si esto ocurriera, aún sería posible ligarla añadiendo un poco de agua fría y batiéndola.

Ratatouille

Este plato típico de las soleadas tierras de Provenza se elabora con cebollas, tomates, calabacines, berenjenas y pimientos, salteados en aceite de oliva con hierbas.

Tiempo de preparación 40 minutos
Tiempo de cocción 1 hora
Para 4 personas

1 cebolla en daditos
80 ml de aceite de oliva para cocinar
250 g de tomates, pelados, sin semillas
** y picados (vea pág. 62)**
2 dientes de ajo picados
1 pimiento rojo sin semillas y cortado
** en tiras cortas**
bouquet garni (vea Notas del chef)
250 g de calabacines cortados en
** bastones (vea pág. 63)**
250 g de berenjenas cortadas en bastones
60 g de hojas de albahaca fresca picadas

1 Precaliente el horno a 180°C. En una sartén refractaria, rehogue la cebolla en un poco de aceite de oliva a fuego medio-bajo, durante 3 ó 5 minutos, o hasta que esté blanda, sin dejar que tome color. Incorpore el tomate y el ajo y rehóguelo todo durante 15 minutos, removiendo de vez en cuando.

2 En otra sartén, saltee el pimiento rojo en aceite durante 2 ó 3 minutos a fuego medio-alto. Escurra el exceso de aceite y agregue el sofrito de tomate con el bouquet garni.

3 Saltee por separado en aceite el calabacín y la berenjena preparados, durante 3 ó 4 minutos, y mézclelos con el sofrito de tomate. Sazónelo todo con sal y pimienta al gusto, tápelo y hornéelo durante 30 minutos. Justo antes de servir, extraiga el bouquet garni, añada las hojas de albahaca fresca picadas y rectifique la condimentación, si es necesario.

Notas del chef El bouquet garni se compone de una selección de hierbas atadas en un ramillete para facilitar su extracción del plato antes de servirlo. Se prepara envolviendo la parte verde de un puerro alrededor de hojas de apio, una ramita de tomillo, una hoja de laurel y tallos de perejil, todo ello sujeto con una cuerda. Cuando en la receta se usa una hierba como la albahaca, los tallos de perejil pueden sustituirse por tallos de albahaca para que aporten un sabor adicional.

Este plato puede prepararse al fuego en lugar de hornearse. Se hace a fuego lento, removiendo con frecuencia.

Tomates rellenos al estilo provenzal

El aceite de oliva, el ajo, el perejil y el tomate predominan en la cocina provenzal, reflejando su estrecha proximidad a la vecina Italia.

*Tiempo de preparación **30 minutos + 20 minutos escurriendo***
*Tiempo de cocción **15 minutos***
*Para **4 personas***

4 tomates
60 ml de aceite de oliva virgen extra
4 dientes de ajo picados finos
1 cucharada de hojas de tomillo fresco picado
2 cucharadas de perejil fresco picado
60 g de pan recién rallado

1 Precaliente el horno a 190°C. Quite los rabillos a los tomates, colóquelos con la parte superior hacia abajo (para que tengan mayor estabilidad) y córtelos en dos. Extraiga cuidadosamente las semillas con una cucharilla. Sazone los tomates con sal y déjelos escurrir, con el corte hacia abajo, sobre papel absorbente durante 20 minutos.

2 Caliente a fuego lento el aceite de oliva y, cuando haya alcanzado la temperatura indicada, retírelo del fuego y añada el ajo, el tomillo, el perejil y el pan rallado. Sazónelo todo con sal y pimienta y remuévalo bien con una cuchara de madera. Condimente las mitades de tomate con pimienta y rellénelas con el preparado de pan rallado, formando una pequeña cúpula en la parte superior de cada mitad. Ponga los tomates en una fuente refractaria engrasada y rocíelos con un poco más de aceite de oliva. Hornéelos durante 5 ó 10 minutos, o hasta que el relleno esté dorado.

Nota del chef Esta receta resulta igualmente apetitosa si se prepara usando ocho tomates pequeños con la parte superior cortada y el interior vaciado.

Verduras mixtas glaseadas

*Esta exquisita mezcla de verduras llena de colorido resulta sumamente apetitosa
presentada en la mesa en una fuente llana.*

*Tiempo de preparación **40 minutos***
*Tiempo de cocción **30 minutos***
*Para **4 personas***

20 cebollas perla
2 calabacines
3 nabos
3 zanahorias
60 g de mantequilla
3 cucharaditas de azúcar

1   Ponga las cebollas a remojar en un cuenco con agua caliente durante 5 minutos, para que la piel se despegue con
mayor facilidad. Recorte ligeramente el extremo de la raíz,
con cuidado de no cortarla demasiado, pues la raíz permite
mantener juntas las capas del bulbo.

2   Con un moldeador de bolas de 2 cm, forme 20 bolas
de calabacín, de nabo y de zanahoria. Cueza las bolas de
calabacín durante 1 minuto en agua salada y sumérjalas en
agua helada. Escúrralas y páselas a una cacerola pequeña.

Agregue un tercio de la mantequilla, 1 cucharadita del azúcar,
1/2 cucharadita de sal y 30 ml de agua y cuézalo todo hasta
que se haya evaporado el agua y quede una glasa almibarada.
Compruebe si las verduras están tiernas. De no estarlo, añada
agua y prolongue la cocción unos minutos más. Remueva las
verduras en el fondo para que queden bañadas por completo,
apártelas y manténgalas calientes.

3   Ponga las bolas de nabo y zanahoria juntas en un cazo con
la mitad de la mantequilla restante, 1 cucharadita del azúcar,
1/2 cucharadita de sal y agua suficiente para cubrirlo todo.
Cuézalas del mismo modo que el calabacín y, seguidamente,
apártelas y manténgalas calientes. Repita esta operación con
las cebollas peladas.

4   Caliente de nuevo las verduras juntas en una cacerola a
fuego medio, dándoles vueltas para que no se doren, durante
3 ó 5 minutos. Dispóngalas sobre una fuente de servir.

Notas del chef Deje las hortalizas a temperatura ambiente
durante 1 hora antes de su preparación.

En caso de no encontrar cebollas perla frescas, use cebolli-
tas encurtidas desprovistas de las primeras capas exteriores.

Buñuelos de garbanzos y sésamo con salsa de ajo y aceite

Los garbanzos caracterizan numerosos platos del sur de Francia, así como de Oriente Medio y España.
Estos buñuelos combinan a la perfección con el sabor a ajo de la salsa.

Tiempo de preparación 55 minutos + 30 minutos en remojo
Tiempo de cocción 2 horas
Para 20 personas

170 g de garbanzos secos
80 ml de aceite de sésamo
2 huevos batidos
125 g de semillas de sésamo
aceite para freír

SALSA DE AJO Y ACEITE
1/2 cabeza de ajo separada
  en dientes y pelados
15 g de mantequilla
1/2 cebolla picada
200 ml de leche
50 ml de nata, opcional
100 g de aceitunas negras picadas

1 cucharada de perejil de hoja
  plana fresco picado o de hojas
  de cilantro fresco, opcional

1   Ponga los garbanzos a remojar en agua caliente durante 30 minutos. Escúrralos, cúbralos de agua fría en una cacerola honda y déjelos hervir durante 11/2 horas o hasta que estén blandos.

2   Escurra los garbanzos y mientras todavía estén calientes, redúzcalos a puré en un robot de cocina hasta obtener una pasta fina. Agregue lentamente el aceite de sésamo y sazónelo todo con sal y pimienta al gusto.

3   Forme con la mezcla bolas del tamaño de una cuchara de postre. Rebócelas primero con el huevo batido y después con las semillas de sésamo. Caliente el aceite a 180°C y fría los buñuelos en tandas hasta que estén dorados. Déjelos escurrir sobre papel absorbente y manténgalos calientes.

4   Para preparar la salsa de ajo y aceite, saltee a fuego lento el ajo en la mantequilla hasta que esté dorado. Agregue la cebolla y rehóguela hasta que esté blanda sin que llegue a tomar color. Incorpore la leche, llévela a ebullición y déjela hervir 10 minutos. Reduzca la mezcla a puré con un robot de cocina, mientras bate añada la nata y sal y pimienta al gusto. Cuele la salsa y agregue las aceitunas negras picadas.

5   Distribuya tres o cuatro buñuelos por persona en platos y vierta la salsa de ajo y aceite alrededor. Espolvoréelos con el perejil fresco picado o el cilantro y sírvalos enseguida.

Pastel de verduras

Capas de verduras con el sabor añadido de las hierbas y el ajo resultan deliciosas horneadas en una fuente llana que puede servirse en la mesa. Un plato indicado para el almuerzo o la cena.

*Tiempo de preparación **30 minutos***
*Tiempo de cocción **1 hora***
Para 4 personas

aceite de oliva para cocinar
1 cebolla pequeña en rodajas finas
750 g de tomates, pelados, sin semillas
 y cortados en dados (vea pág. 62)
400 g de champiñones grandes en láminas finas
400 g de patatas en rodajas finas
2 dientes de ajo picados finos
500 g de hojas de espinacas sin los tallos
1 ramita de romero fresco
3 cucharadas de perejil fresco picado

1   Precaliente el horno a 190°C. En una cazuela de fondo pesado, caliente un poco de aceite de oliva a fuego medio y rehogue lentamente la cebolla en rodajas con una pizca de sal durante 3 minutos, sin dejar que tome color. Incorpore los dados de tomates sin semillas y sofríalos durante 7 minutos. Sazónelo todo al gusto y resérvelo.

2   Fría en una sartén los champiñones con un poco de aceite de oliva a fuego alto durante 3 ó 4 minutos. Escurra el exceso de líquido. Sazónelos al gusto y resérvelos.

3   Fría las patatas por tandas en una sartén con aceite de oliva a fuego medio-bajo durante 3 minutos. Fría de nuevo durante 1 minuto todas las patatas en la sartén junto con el ajo. Sazónelas con sal y pimienta negra recién molida y déjelas escurrir sobre papel absorbente.

4   Disponga una capa de patata en el fondo de una fuente ovalada refractaria de 2 litros de capacidad y de 20 cm de diámetro, y cúbrala con una capa de champiñones seguida por otra de espinacas y una última de tomate. Meta la fuente en el horno durante 30 ó 45 minutos, cubierta con papel encerado. Espolvoree por encima hojas de romero y perejil antes de servir.

Nota del chef Si lo desea, cubra las verduras con queso parmesano rallado o feta desmenuzado antes de hornear.

Apio-nabo a la rémoulade

Se trata de un primer plato que puede servirse asimismo como un almuerzo ligero, acompañado quizá con trozos de pan. La mayonesa con mostaza realza el sabor único del crujiente apio-nabo.

*Tiempo de preparación **40 minutos***
   *+ **30–60 minutos** en reposo*
*Tiempo de cocción **Ninguno***
*Para **4–6 personas***

2–3 apio-nabos de 1,3 kg de peso en total
el zumo de 1 limón
hojas de ensalada pequeñas, para decorar
2 tomates, pelados, sin semillas y cortados
   en dados (vea pág. 62), para decorar
mitades de nueces, para decorar

SALSA RÉMOULADE
2 yemas de huevo
2 cucharadas de mostaza de Dijon
una pizca de pimienta de Cayena
250 ml de aceite de cacahuete

1 Con un cuchillo afilado corte cada apio-nabo en dos y quítele la piel, cortando unos 3 mm por debajo de la misma (al ser ésta muy fibrosa, es preciso cortarla en profundidad). Ralle grueso el apio-nabo y coloque la carne en un cuenco. Sazónelo con sal y pimienta y mézclelo junto con el zumo de limón. Cúbralo con film transparente y resérvelo durante 30 minutos o 1 hora.

2 Para preparar la salsa rémoulade, en un cuenco medio mezcle juntas las yemas de huevo, la mostaza, la pimienta de Cayena y una pizca de sal. Una vez que se haya disuelto la sal, agregue gradualmente el aceite. La salsa debería adquirir la consistencia de la nata montada a punto de nieve.

3 Escurra el exceso de líquido del apio-nabo rallado y mézclelo con la salsa. Sazónelo todo con sal y pimienta negra recién molida, si es necesario. Sirva la salsa rémoulade en una salsera grande o en montoncitos dispuestos sobre platos individuales, decorada con varias hojas de ensalada, tomate y mitades de nueces.

Col rellena

Este excelente plato puede servirse como almuerzo o cena. En algunos países, la col no se considera una hortaliza indicada para constituir un plato principal, sin embargo, preparada de la siguiente manera merece servirse como tal.

Tiempo de preparación 45 minutos
Tiempo de cocción 1 hora 35 minutos
Para 6 personas

1 col verde de unos 500–800 g
60 g de mantequilla
1 cebolla pequeña picada fina
120 g de pan recién rallado
4 cucharadas de perejil fresco picado
1 cucharada de hojas de tomillo fresco picado
la ralladura de 1/2 limón
2 huevos batidos
15 g de mantequilla clarificada (vea pág. 63)

1   Elimine las posibles hojas mustias, dejando la col entera. Sumérjala en una olla grande de agua hirviendo y cuézala durante 3 ó 4 minutos. Vierta el agua caliente, pase la col a un colador y escúrrala bien. Deje que se enfríe un poco. Separe con cuidado entre cuatro y seis hojas exteriores y resérvelas. Cuartee la col, quite el troncho, trocéela y píquela fina.

2   Derrita la mantequilla en una cacerola grande, agregue la cebolla, tápela y sofríala a fuego lento durante 1 ó 2 minutos. Incorpore la col, cúbrala con un trozo de papel engrasado presionándolo, tape la cacerola y déjela cocer a fuego lento durante 25 ó 30 minutos, removiendo bien en una o dos ocasiones durante la cocción. La col debería quedar blanda y dorada. Apártela, agregue 90 g de pan rallado, las hierbas, la ralladura de limón y sazónelo todo con sal y pimienta.

3   Cubra un molde para pudding grande con un trozo de muselina engrasada o un paño limpio. Disponga encima las hojas exteriores reservadas con los tallos hacia arriba. Rellene el molde con la mezcla, una los extremos del paño, entrelácelos y ate el paño para que la col adopte una forma abombada. Extráigala del molde y sumérjala en una olla de agua salada hirviendo o de caldo de verduras. Déjela cocer a fuego lento y uniforme entre 45 minutos y 1 hora. Déle la vuelta una o dos veces durante la cocción. Pásela a un colador, escúrrala, desate el paño y vuelque la col sobre un plato caliente.

4   Derrita la mantequilla clarificada en un cacito, agregue el pan rallado restante y fríalo hasta que esté dorado. Espárzalo sobre la col y sírvala de inmediato con una salsa de tomate o passato bien condimentada vertida por encima.

Judías verdes con bacon

*Este plato goza de gran popularidad servido de acompañamiento o bien con carnes o pollo a
la parrilla o al horno. El sabor salado del bacon armoniza perfectamente con las judías verdes.*

*Tiempo de preparación **10 minutos***
*Tiempo de cocción **15 minutos***
*Para **4–6 personas***

500 g de judías verdes
1 cucharadita de sal
300 g de bacon ahumado
50 g de mantequilla
3 cucharadas de perejil fresco picado fino

1   Despunte las judías. Lleve a ebullición una cacerola grande
de agua. Añada la sal y las judías y déjelas hervir durante
10 minutos o hasta que estén tiernas. Escúrralas y sumérjalas
en agua fría para interrumpir el proceso de cocción. Déjelas
escurrir bien.

2   Mientras tanto, elimine la corteza del bacon y córtelo en
tiritas cortas. En una sartén caliente fría el bacon a fuego
medio. No es necesario utilizar ningún tipo de grasa, ya que
la propia grasa del bacon se irá derritiendo en la sartén a
medida que se fría. Aparte el bacon del fuego y escúrralo en
papel absorbente.

3   Escurra el exceso de grasa de la sartén, límpiela con papel
absorbente y derrita en ella la mantequilla. Añada las judías,
el bacon, remuévalo todo y sazónelo con sal y pimienta. Tan
pronto como estén calientes por completo, pase las judías a
un plato y sírvalas de inmediato con perejil picado.

Notas del chef Para conservar el color verde de las judías,
eche la sal y la verdura al mismo tiempo en el agua hirviendo.
De esta manera, se producirá un burbujeo inmediato que
contribuirá a fijar la clorofila.

Como variante, puede sustituir el bacon por dos o tres
filetes de anchoas de lata, que previamente deben prepararse
poniéndolos a remojar en leche, escurriéndolos y secándolos.
Finalmente, deben secarse y mezclarse con la mantequilla.

Gratin dauphinois

Existen numerosas versiones de este plato a base de patatas, algunas con cebolla y otras hortalizas, otras con caldo y diversas hierbas. En los condimentos, el queso, la nata y el ajo, reside la clave para elaborar con éxito esta versión en concreto. Adáptela a su gusto.

Tiempo de preparación **30 minutos**
Tiempo de cocción **1 hora**
Para 4–6 personas

500 g de patatas
500 ml de leche
nuez moscada rallada
100 ml de nata espesa
1 diente de ajo fileteado o picado
100 g de queso emmental rallado

1   Precaliente el horno a 170°C.
2   Corte las patatas en rodajas finas. Póngalas en un cazo, cúbralas de leche y condiméntelas con sal, pimienta y nuez moscada rallada.
3   Lleve las patatas a ebullición a fuego medio-bajo y déjelas hervir hasta que estén prácticamente cocidas pero conserven aún la consistencia. Cuélelas y reserve la leche.
4   Unte de mantequilla una fuente refractaria de 20 x 16 cm, y disponga sobre ella capas uniformes de patata.
5   Caliente de nuevo la leche y déjela hervir durante unos minutos. Agregue la nata y el ajo, llévelo todo de nuevo a ebullición y rectifíquelo de sal. Déjelo hervir durante unos minutos más y, seguidamente, cubra las patatas con esta salsa. Espolvoréelas con el queso rallado y hornéelas durante 35 ó 45 minutos, o hasta que la patata esté tierna y se haya dorado ligeramente la superficie.

Nota del chef Al preparar una salsa para acompañar una verdura blanda como las patatas, es fundamental sazonarla bien.

Zanahorias vichy

Este plato debería cocerse en realidad con agua de Vichy, un agua mineral natural y saludable que se obtiene de los manantiales de Vichy, en Francia. Estas zanahorias son un vistoso acompañamiento para platos de ternera y pollo.

Tiempo de preparación 15–20 minutos
Tiempo de cocción 20–30 minutos
Para 4 personas

600 g de zanahorias
30 g de azúcar
60 g de mantequilla
30 g de perejil fresco picado

1   Pele las zanahorias, córtelas en rodajas finas y póngalas en una cacerola con agua suficiente para cubrirlas. Añada una pizca de sal así como el azúcar y la mantequilla y tape la cacerola con una tapadera de papel elaborada con un trozo redondo de papel encerado (vea Notas del chef).

2   Ponga a cocer las zanahorias a fuego alto hasta que se haya evaporado prácticamente toda el agua y quede una reducción de consistencia almibarada. La hortaliza debería estar tierna. En caso contrario, agregue un poco más de agua (alrededor de 60 ml) y prosiga la cocción. Remueva las zanahorias para que queden bañadas por completo con el jugo. Esparza perejil fresco picado por encima de las zanahorias y sírvalas en un plato hondo.

Notas del chef Las zanahorias pueden cortarse adoptando formas diversas para lograr una presentación más decorativa.

Una tapadera de papel sirve para retardar el proceso de escape de vapor, permitiendo que los alimentos retengan el agua y se cuezan a un ritmo más pausado. Para confeccionar una tapadera de papel se necesita un trozo de papel encerado de mayor tamaño que el diámetro de la cacerola. Se dobla primero en dos, después en cuartos y una vez más en forma de abanico. Para medir el diámetro de la cacerola, coloque el punto en el centro de la misma y córtelo en el punto donde el papel doblado alcanza el borde de la cacerola. Recorte el punto y despliegue el papel, que una vez desdoblado debería ser un círculo aproximadamente del mismo diámetro que la cacerola con un pequeño orificio en el centro.

Endibias braseadas

*La endibia resulta deliciosa braseada, si bien a menudo se piensa que
es una hortaliza indicada sólo para ensaladas.*

*Tiempo de preparación **15 minutos***
*Tiempo de cocción **1 hora 30 minutos***
Para 4 personas

60 g de mantequilla
4 endibias
500 ml de caldo de pollo (vea pág. 63) o de agua
1 cucharada de zumo de limón
1/2 cucharadita de azúcar
1 cucharadita de perejil fresco picado

1 Precaliente el horno a 180°C. Unte una fuente de horno
con un tercio de la mantequilla. Retire las hojas mustias de
las endibias y quíteles el extremo de la raíz, eliminando así
parte de su sabor amargo. Lávelas y colóquelas en la fuente.
2 Agregue el caldo de pollo o el agua junto con el zumo
de limón. Sazónelo todo ligeramente con sal, pimienta y el

azúcar. Ponga a hervir la fuente al fuego. Apártela y tápela
con un papel encerado previamente untado de mantequilla
para cubrirla después con papel de aluminio. Métala en el
horno alrededor de 1–1 1/4 horas, o hasta que las endibias
estén tiernas. Sáquelas de la fuente y colóquelas sobre una
rejilla para que escurran, reservando el líquido de cocción.
Seguidamente, cueza el líquido a fuego alto hasta que adquiera una consistencia almibarada. Apártelo y manténgalo
caliente.
3 Cuando se hayan enfriado las endibias, átelas sin apretar
por el centro con un cordel. Caliente la mantequilla restante
en una sartén antiadherente y dore las endibias hasta que
tomen color. Retire el cordel, disponga las endibias en una
fuente y cúbralas con el líquido de cocción reducido. Sírvalas
decoradas con perejil.

Nota del chef Antes de atar las endibias con el cordel, puede
envolverse una loncha de jamón alrededor del centro.

Verduras marinadas
a la parrilla

*Servidas frías con una vinagreta o recién hechas
a la parrilla, estas verduras constituyen un delicioso
plato ligero, lleno de color y sabor.*

Tiempo de preparación 20 minutos + 2 horas marinando
Tiempo de cocción 40 minutos
Para 6 personas

1 berenjena de unos 200 g
250 g de calabacín
200 g de zanahorias
3 pimientos rojos grandes
70 g de champiñones pequeños
2 ramitas de tomillo fresco picado fino
2 ramitas de perejil fresco picado fino
170 ml de aceite de oliva
*1 cucharada de zumo de limón
recién exprimido*
3 cucharadas de albahaca fresca picada
2 1/2 cucharadas de vinagre balsámico

1   Corte la berenjena, el calabacín y las zanahorias a lo largo
en rodajas o tiras largas de 1 cm de grosor. Parta por la mitad
los pimientos, retire las semillas y cuartéelos. Corte los tallos
de los champiñones.

2   Extienda las verduras en una bandeja, espolvoréelas con
sal y pimienta, el tomillo y el perejil. Reserve 2 cucharadas
del aceite de oliva y mezcle el resto con el zumo de limón.
Vierta este aliño sobre las verduras y esparza la albahaca por
encima. Déjelas marinar durante 2 horas.

3   Caliente una parrilla o barbacoa y engrásela con el aceite
restante. Ase lentamente las verduras por ambos lados hasta
que estén tiernas. (Si prefiere que las zanahorias no queden
demasiado crujientes, póngalas en la parrilla unos minutos
antes de añadir el resto de las hortalizas.)

4   Disponga las verduras en una fuente y rocíelas con el
vinagre balsámico.

Lasaña vegetal

Pruebe esta lasaña diferente de sabor exquisito con crujientes verduras y salsa de queso con un toque de nuez moscada. Preparar la pasta a su propio gusto resulta tan divertido como gratificante.

Tiempo de preparación 1 hora + 30 minutos en reposo
Tiempo de cocción 1 hora 30 minutos
Para 6 personas

MASA DE LA PASTA
300 g de harina
3 huevos ligeramente batidos
30 ml de aceite de oliva
I cucharadita de sal

SALSA DE QUESO
25 g de mantequilla
25 g de harina
500 ml de leche
I/4 cucharadita de nuez moscada molida
75 ml de nata
100 g de queso gruyère rallado

25 g de mantequilla
I cebolla pequeña en rodajas
4 tomates maduros, pelados, sin semillas
y picados (vea pág. 62)
I ramita de tomillo fresco
I hoja de laurel
200 g de zanahorias en daditos
250 g de ramilletes pequeños de brécol
I/2 coliflor cortada en ramilletes
80 g de queso gruyère rallado

1 Para preparar la pasta, tamice la harina en una superficie de trabajo y haga un hueco grande en el centro para poner los huevos, el aceite de oliva y la sal. Con las yemas de los dedos de una mano, mezcle estos ingredientes y amáselos gradualmente con la harina hasta quedar todo incorporado y obtener una masa algo seca. Trabájela hasta que adquiera una consistencia suave y sedosa, adoptando así la elasticidad y textura indicadas, sin necesidad, por lo tanto, de añadir más líquido. Envuélvala en film transparente y déjela reposar durante 20 minutos.

2 Para preparar la salsa de queso, derrita la mantequilla en una cacerola, agregue la harina con una cuchara de madera y déjela en el fuego dándole vueltas durante unos 3 minutos. Apártela y añada la leche fría, sin dejar de dar vueltas, hasta que esté todo mezclado. Sazónelo con sal, pimienta y nuez moscada. Vuelva a poner la salsa al fuego y llévela a ebullición poco a poco, removiendo continuamente. Baje el fuego y cueza la salsa durante 7 minutos, dándole vueltas de vez en cuando. Incorpore la nata y el queso, aparte después la salsa y tápela con un papel encerado untado de mantequilla.

3 Ponga a calentar la mantequilla en una cacerola y rehogue la cebolla lentamente sin que se dore. Añada los tomates, el tomillo y la hoja de laurel. Sazónelo todo con sal y pimienta y déjelo hervir durante 15 minutos o hasta que adquiera una consistencia pulposa. Extraiga la hoja de laurel y el tomillo.

4 Ponga a hervir una cacerola grande de agua salada. Añada las zanahorias, baje el fuego y cuézalas durante 4 minutos. Incorpore el brécol y la coliflor y déjelo hervir todo durante 3 minutos más. Escurra las verduras y sumérjalas en agua fría para interrumpir el proceso de cocción. Escúrralas bien y apártelas.

5 Precaliente el horno a 190°C. Sobre una superficie un poco enharinada, extienda la masa de pasta hasta que quede de 1 mm de grosor. Córtela con un cuchillo afilado en cintas largas, de 8 x 15 cm, y cueza éstas por tandas en una cacerola de agua salada hirviendo con un chorrito de aceite, durante 2 ó 3 minutos, o hasta que estén al dente. Páselas a un cuenco con agua fría, escúrralas y colóquelas entre capas de un paño.

6 Mezcle las salsas de queso y de tomate y póngalas a hervir durante 15 minutos. Agregue las verduras y sazónelo todo. Unte de mantequilla una fuente refractaria de 2–2,5 litros de capacidad y vaya intercalando capas de pasta con la mezcla de verduras, finalizando con una de pasta. Esparza el queso por encima y hornee la lasaña durante 35 minutos.

Puré de brécol con queso azul

El puré de brécol combina con cualquier plato. Añada el queso unos momentos antes de servir.

*Tiempo de preparación **10 minutos***
*Tiempo de cocción **20 minutos***
Para 4–6 personas

450 g de brécol
40 g de mantequilla
45 g de queso azul rallado o desmenuzado fino

1 Separe los ramilletes del brécol del tallo central, descarte éste y compruebe que la hortaliza restante pesa unos 220 g. Lávela bien, escúrrala y corte después los tallitos en rodajas finas, reservando las cabezuelas.

2 Derrita la mantequilla en una cacerola mediana, añada los tallos en rodajas, cúbralos con papel encerado y coloque encima la tapadera. Cueza los tallos a fuego lento durante 10 minutos hasta que estén tiernos, sin que tomen color. Finalmente, pique las cabezuelas e incorpórelas a la cacerola con 125 ml de agua. Cuézalas, sin tapar, durante 5 minutos hasta que estén tiernas, pero mantengan aún su color verde. Escúrralo todo bien y píquelo en un robot de cocina hasta reducirlo a un puré fino. Vuelva a ponerlo al fuego, caliéntelo de nuevo y apártelo para agregar el queso. Sazónelo todo al gusto con sal y pimienta.

3 Sirva el puré en forma de pequeñas albóndigas ovaladas, presionando porciones de puré entre dos cucharas de postre redondas sostenidas en posición horizontal, o bien sírvalo sencillamente en un montoncito compacto y uniforme.

Nota del chef Este plato resulta un acompañamiento ideal con carnes, pescados o aves, y es especialmente indicado con bistecs. El queso se incorpora justo antes de servir, ya que de lo contrario podría volverse fibroso con el exceso de cocción.

Puré de zanahorias

Para someterlas a este método de cocción, las zanahorias deben cortarse en rodajas muy finas para que se cuezan con mayor rapidez y uniformidad.

*Tiempo de preparación **10 minutos***
*Tiempo de cocción **20 minutos***
Para 4–6 personas

40 g de mantequilla
450 g de zanahorias en rodajas finas
una pizca de nuez moscada o
cilantro molido

1 Ponga a derretir la mantequilla en una sartén llana de gran tamaño, incorpore las zanahorias, sazónelas con sal y pimienta y añada, finalmente, la nuez moscada y el cilantro. Tape la sartén con una lámina de papel encerado y una tapadera encima. Es importante taparla bien para impedir la pérdida de vapor procedente de la cocción de las zanahorias, pues de lo contrario éstas se secarían y podrían quemarse.

2 Cueza la hortaliza a fuego lento durante 15 minutos o hasta que quede lo suficientemente suave y tierna como para poder triturarse con un tenedor, y retire después el papel y la tapadera. Prosiga la cocción, con la sartén destapada, a fuego alto para reducir el posible exceso de líquido y, acto seguido, deje que las zanahorias se enfríen ligeramente. Redúzcalas a un puré fino en un robot de cocina, vuelva a ponerlas al fuego, rectifique de sal y caliente de nuevo el puré. Sírvalo en forma de pequeñas albóndigas ovaladas, presionándolo entre dos cucharas de postre redondas sujetas en posición horizontal, o bien sírvalo sencillamente en un montoncito compacto y uniforme.

Nota del chef El puré puede calentarse de nuevo en un microondas siempre y cuando se use para ello un recipiente adecuado.

Puré de zanahorias (arriba) y Puré de brécol con queso azul

Ensalada caliente de lentejas con vinagreta de mostaza

Esta ensalada tradicional, rica en proteínas, puede servirse con crustáceos como, por ejemplo, gambas. Normalmente, se prepara con lentejas francesas, ya que conservan su consistencia, aunque éstas pueden sustituirse por cualquier otra clase de lentejas con las mismas cualidades. No se recomienda usar lentejas rojas, pues se deshacen con facilidad.

*Tiempo de preparación **15 minutos + una noche en remojo***
*Tiempo de cocción **40 minutos***

Para 6 personas

250 g de lentejas
50 g de mantequilla
100 g de zanahorias en daditos
1/2 cebolla en daditos
100 g de bacon ahumado en daditos
300 ml de caldo de pollo (vea pág. 63)
1 lechuga

VINAGRETA
30 g de semillas de mostaza
2 cucharaditas de vinagre de vino blanco
100 ml de aceite de oliva o de cacahuete
3 cucharadas de perejil fresco picado

1 Ponga las lentejas a remojar en agua fría durante toda la noche y escúrralas cuando las vaya a utilizar.

2 Derrita la mantequilla en una cacerola grande, agregue las verduras y el bacon y rehóguelo todo a fuego lento hasta que las hortalizas estén tiernas, sin que lleguen a dorarse. Añada las lentejas y el caldo a la cacerola. Tápela y déjela hervir a fuego muy lento durante 30 ó 35 minutos o hasta que las lentejas estén tiernas. Sazónelo todo con sal y pimienta.

3 Vierta la mezcla en un tamiz para que escurra el líquido y, seguidamente, pase las lentejas, las verduras y el bacon a un cuenco grande.

4 Para preparar la vinagreta, mezcle la mostaza y el vinagre en un cuenco. Sazone la mezcla con sal y pimienta negra recién molida y agregue lentamente el aceite de oliva o de cacahuete, sin dejar de remover. Finalmente, añada el perejil.

5 Mezcle las lentejas calientes, las verduras y el bacon con la vinagreta. Disponga un lecho de hojas de lechuga sobre una fuente y vierta la ensalada caliente en el centro.

Verduras en vino blanco

Pruebe con diferentes verduras para dar con las que mejor se adapten a sus preferencias. Este plato puede prepararse según la receta tradicional expuesta a continuación, o bien variarse con un toque oriental o con hierbas al gusto.

Tiempo de preparación **1 hora**
Tiempo de cocción **50 minutos**
Para 4 personas

2 cucharadas de aceite de oliva

100 g de bacon cortado en tiras

3 escalonias picadas finas

**1 zanahoria grande cortada en bastones
(vea pág. 63)**

1 tallo de apio cortado en bastones

¹/2 raíz de hinojo cortada en bastones

100 ml de vino blanco

**100 ml de caldo de pollo (vea pág. 63)
o de agua**

**2 tomates grandes, pelados, sin semillas
y en dados (vea pág. 62)**

100 g de guisantes frescos desenvainados

100 g de judías verdes despuntadas

60 g de piñones tostados

1   En una sartén grande, caliente el aceite a fuego medio y sofría el bacon hasta que se dore. Baje el fuego, agregue las escalonias y una pizca de sal. Rehóguelos durante 2 minutos, sin que tomen color. Añada las zanahorias, el apio, el hinojo y una pizca de sal y sofríalo todo a fuego lento 5 minutos.

2   Añada el vino blanco y el caldo de pollo y cuézalo todo a fuego medio hasta que quede prácticamente seco. Incorpore el tomate y cuézalo 5 ó 10 minutos o hasta que esté tierno.

3   Cueza en dos cazos por separado los guisantes y las judías en agua salada hirviendo de 8 a 10 minutos, o hasta que esté todo tierno. Escurra las verduras y sumérjalas en agua helada. Una vez frías, escúrralas bien y añádalas a las otras hortalizas. Déjelas cocer entre 3 y 5 minutos, o hasta que se calienten, y sazónelas con sal y pimienta. Finalmente, esparza los piñones sobre las verduras justo antes de servirlas, calientes o frías.

Nota del chef La cocción lenta se hace necesaria al preparar este plato, pues permite que retenga los líquidos. Para lograr un sabor más oriental, añada semillas de sésamo tostadas en vez de piñones y sustituya la sal por un poco de salsa de soja.

Técnicas del chef

◆

Preparar tomates

Muchas recetas requieren tomates pelados y sin semillas. Estas indicaciones facilitan su preparación.

Con un cuchillo afilado, trace una cruz pequeña en la base de cada tomate.

Blanquee los tomates en un cazo grande de agua hirviendo durante 10 segundos. Sáquelos y sumérjalos en un cuenco de agua helada para interrumpir la cocción y mantener la firmeza de la carne.

Pele los tomates despegando primero la piel de la cruz.

Si la receta requiere tomates despepitados, pártalos por la mitad y con una cucharita extraiga con cuidado las semillas.

Preparar alcachofas

Puede cocerse la alcachofa entera o bien sólo el corazón. De ambas formas resulta deliciosa.

Rompa el tallo de la alcachofa, ejerciendo presión sobre las fibras sujetas a la base.

Elimine las hojas exteriores y ponga la alcachofa en un cazo de agua salada hirviendo con el zumo de un limón. Presiónela hacia abajo con un plato y déjela hervir durante 20 ó 35 minutos.

Compruebe el grado de cocción tirando de una de las hojas. Si se despega con facilidad, la alcachofa está hecha. Quítele la mitad superior.

Retire la carne vellosa del centro de la alcachofa con una cuchara. La base de la hortaliza ya está lista para rellenarse.

Clarificar mantequilla

Sin agua ni sólidos, la mantequilla apenas se quema.
El ghee es una forma de mantequilla clarificada.

Para preparar 100 g de mantequilla clarificada, corte 180 g de mantequilla en daditos y póngalos a hervir en un cazo de agua al baño María. Derrita la mantequilla, sin removerla.

Retire el cazo del fuego y déjelo enfriar ligeramente. Espume la superficie, teniendo cuidado de que no se mezcle con la mantequilla.

Vierta en un cuenco el líquido amarillo claro, procurando que quede el sedimento lácteo en el cazo. Guarde la mantequilla clarificada en un recipiente hermético y métalo en la nevera.

Bastones de verduras

Las verduras del mismo tamaño se cuecen de modo
uniforme y realzan un plato como la ratatouille.

Sírvase de un cuchillo alargado y muy afilado para cortar las verduras en bastones.

Preparar caldo de pollo

Un delicioso y aromático caldo casero puede ser la
piedra angular de un plato sensacional.

Corte en pedazos 750 g de huesos de pollo y póngalos en una cacerola con una cebolla, una zanahoria y un tallo de apio troceados. Añada 6 granos de pimienta, un bouquet garni y 4 litros de agua fría.

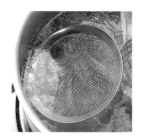

Lleve el caldo a ebullición y déjelo hervir a fuego lento de 2 a 3 horas, espumando la superficie cuando convenga con una cuchara grande. Cuele el caldo por un tamiz a un cuenco limpio y deje que se enfríe.

Refrigere el caldo toda la noche, y retire después la grasa. Si no puede dejarlo reposar toda la noche, pase papel absorbente por la superficie del caldo recién colado para eliminar la grasa. Para 1,5 ó 2 litros.

Lavar puerros

Los puerros se utilizan con frecuencia en la cocina
por la aportación de su sabor único.

Antes de su uso, los puerros deben aclararse por completo con agua corriente fría para eliminar los posibles bichitos o rastros de suciedad. Corte las puntas para que el agua llegue hasta las hojas más apretadas.

Editado por Murdoch Books® de Murdoch Magazines Pty Limited, 45 Jones Street, Ultimo NSW 2007.

Editora gerente: Kay Halsey
Idea, diseño y dirección artística de la serie: Juliet Cohen

Murdoch Books y Le Cordon Bleu quieren expresar su agradecimiento a los 32 chefs expertos de todas las escuelas Le Cordon Bleu, cuyos conocimientos y experiencia han hecho posible la realización de este libro, y muy especialmente a los chefs Cliche (Meilleur Ouvrier de France), Terrien, Boucheret, Duchêne (MOF), Guillut y Steneck, de París; Males, Walsh y Hardy, de Londres; Chantefort, Bertin, Jambert y Honda, de Tokio; Salembien, Boutin, y Harris, de Sydney; Lawes de Adelaida y Guiet y Denis de Ottawa.
Nuestra gratitud a todos los estudiantes que colaboraron con los chefs en la elaboración de las recetas, y en especial a los graduados David Welch y Allen Wertheim.
La editorial también quiere expresar el reconocimiento más sincero a la labor de las directoras Susan Eckstein, de Gran Bretaña y Kathy Shaw, de París, responsables de la coordinación del equipo Le Cordon Bleu a lo largo de esta serie.

Título original: *Vegetables*

© 1998 de la edición española:
Könemann Verlagsgesellschaft mbH
Bonner Straße 126, D-50968 Köln
Traducción del inglés: Ángeles Leiva Morales
para LocTeam, S.L., Barcelona
Redacción y maquetación: LocTeam, S.L., Barcelona
Impresión y encuadernación: Sing Cheong Printing Co., Ltd.
Printed in Hong Kong, China

ISBN 3-8290-0639-X

10 9 8 7 6 5 4

La editora y Le Cordon Bleu agradecen a Carole Sweetnam su colaboración en esta serie.
Portada, desde arriba: Tomates rellenos al estilo provenzal, Verduras mixtas glaseadas, Judías verdes con bacon

INFORMACIÓN IMPORTANTE

GUÍA DE CONVERSIONES

1 taza = 250 ml
1 cucharada = 20 ml (4 cucharaditas)

NOTA: Hemos utilizado cucharas de 20 ml. Si utiliza cucharas de 15 ml, las diferencias en las recetas serán prácticamente inapreciables. En aquéllas en las que se utilice levadura en polvo, gelatina, bicarbonato de sosa y harina, añada una cucharadita más por cada cucharada indicada.

IMPORTANTE: Aquellas personas para las que los efectos de una intoxicación por salmonela supondrían un riesgo serio (personas mayores, mujeres embarazadas, niños y pacientes con enfermedades de inmunodeficiencia) deberían consultar con su médico los riesgos derivados de ingerir huevos crudos.